Le Deuil

Y'a pas de mal à être triste

Textes de
Michaelene Mundy

Illustrations de
R. W. Alley

ÉDITIONS
DU SIGNE

À nos enfants Michael, Emily et Patrick
dont la sagesse et les questions
ont aidé maman et papa
à surmonter la triste épreuve du deuil.

ÉDITEUR :
ÉDITIONS DU SIGNE
BP 4
67038 STRASBOURG CEDEX 2
Tél. (00-33) (0) 3 88 78 91 91
Fax (00-33) (0) 3 88 78 91 99
e-mail : info@editionsdusigne.fr
www.editionsdusigne.fr

Textes :
Michaelene Mundy

Traduction :
Nadine Deffieux
Didier Dolna

Illustrations :
R.W. Alley

Version originale publiée aux USA
Titre original : «Sad Isn't Bad!»
Texte © 2001 Michaelene Mundy
Illustrations © 2001 St. Meinrad Archabbey
Edité aux USA par One Caring Place - Abbey Press - St. Meinrad, Indiana 47577

ISBN 2-7468-1141-3
Imprimé en Chine par SUN FUNG - Hong Kong

À l'attention des parents, des enseignants et de tous ceux qui s'occupent d'enfants

On n'a pas besoin d'être un spécialiste pour aider un enfant à surmonter son chagrin. L'amour et la sollicitude font des merveilles. Même s'il s'agit de la première expérience d'un enfant avec la mort, les adultes ont cet avantage d'avoir affronté des deuils dans le passé. Cette sagesse durement acquise peut les aider à transmettre à l'enfant la capacité de bien gérer son chagrin.

Un enfant qui a du chagrin a besoin de garder confiance dans le monde, de savoir que la vie est bonne et que les blessures du cœur finissent par guérir. Nous pouvons lui expliquer que le chagrin et les sentiments qu'il provoque sont des réponses normales à un deuil. Nous pouvons le rassurer en lui disant qu'il est en sécurité, qu'il est très aimé et qu'on prendra toujours soin de lui. Nous pouvons l'encourager à exprimer sa tristesse et à partager ses sentiments et ses souvenirs avec ceux qui l'écoutent et en qui il a confiance. Nous pouvons lui faire savoir que ça prend du temps de surmonter son chagrin, mais qu'un temps viendra où ça ne fera plus aussi mal.

Il faut avoir un certain âge pour comprendre le caractère définitif de la mort. Un petit enfant pourra penser que, d'une certaine façon, il a provoqué cette mort à cause de sa mauvaise conduite, ou qu'il peut faire revenir le défunt grâce à sa bonne conduite. Il peut croire que, s'il le souhaite, ou s'il prie très fort, il peut, miraculeusement, ramener l'être aimé à la vie.

Nous devons aussi nous rendre compte qu'un enfant qui a du chagrin a besoin de parler et n'a pas seulement besoin qu'on lui parle. Ecouter et aider un enfant à mettre des mots sur ses peurs et ses doutes dans ces moments-là est d'une importance cruciale. Sans cela, sa tendance naturelle pourrait être d'exagérer ses peurs et de remplacer la réalité par l'imaginaire.

Face à ces émotions nouvelles et effrayantes, un enfant peut trouver du soulagement en mettant en scène dans ses jeux le drame qu'il a vécu, en régressant ou en étant particulièrement irritable. Ces façons de se conduire, bien qu'inquiétantes pour les adultes, sont normales .

Au fur et à mesure qu'un enfant côtoie la mort, il commence à se rendre compte que dans la vie ce n'est pas tout l'un ou tout l'autre, que tout n'est pas blanc ou noir, qu'on n'est pas toujours gai ou toujours triste. Malgré le deuil, la vie peut de nouveau être belle.

Que ce livre nous donne des pistes pour aider nos enfants à surmonter leur chagrin et à grandir de façon équilibrée. Qu'il devienne un outil pour aider nos enfants à être pleinement des enfants, et à se sentir bien.

—*Michaelene Mundy*

Il n'y a pas de mal à pleurer

Quand quelqu'un que tu aimes meurt,
c'est très triste. Tu verses des larmes,
mais les larmes peuvent faire du bien.
Le chagrin a du bon.

Si tu crois que tu es trop grand pour pleurer,
tu as tort. Il peut même arriver que tu pleures
pour des choses qui auparavant
ne te dérangeaient pas. Par exemple,
une chaussure que tu n'arrives pas à lacer,
un jouet que tu casses, un devoir qui te semble
trop difficile.

Parle de ce que tu éprouves à quelqu'un
en qui tu as confiance. Dis-toi qu'il n'y a pas
de mal à pleurer quand tu es triste
car tu as une bonne raison.

C'est bien de poser des questions

Il se peut que ta maman et ton papa semblent trop occupés pour te parler parce qu'ils préparent les funérailles. Mais leur amour pour toi est intact. Trouve un autre adulte qui veuille bien t'écouter, un grand frère ou une grande sœur à qui tu peux parler.

En compagnie des gens qui t'aiment, tu peux dire au revoir à la personne décédée. Participe aux conversations, à l'évocation des souvenirs, aux larmes et aux rires.

Si tu veux en savoir plus sur le cercueil, ou sur le corps, ou sur ce qui se passera au cimetière, demande à quelqu'un de t'expliquer les choses qui t'inquiètent.

Ce n'est pas de ta faute

Il peut t'arriver de penser que, d'une certaine
façon, tu as causé la maladie ou l'accident
ou la mort d'un proche.
Si c'est ce que tu ressens, parles-en à un adulte.
Tous les deux, vous pouvez, en discutant,
établir clairement que ça n'était pas de ta faute.

Quand tu repenses à certains moments
où tu as blessé ou mis en colère celui
que tu aimais et qui s'en est allé,
tu ne te sens pas très bien. C'est normal.
Mais rappelle-toi qu'il te pardonne,
que Dieu te pardonne.
Alors, pardonne-toi toi-même.

Ça soulage de partager ses émotions

Si tu perds quelqu'un qui t'était proche,
tu peux te sentir triste, en colère, effrayé, ou bien seul.
Si tu gardes ces sentiments en toi, tu te sentiras plus
mal encore. Parle de ce que tu ressens, là, tout de suite,
avec quelqu'un qui t'aime.

Quand on est triste, on peut avoir mal à la tête ou
à l'estomac. Ce n'est pas anormal: quand on est triste,
on est triste complètement, partout, dans son esprit
et dans son corps. Parles-en à un adulte si cela t'arrive.

Quand tu es tout seul, il se peut que tu penses
encore davantage à ce qui te bouleverse.
Il se pourrait même que tu aies des difficultés
pour t'endormir la nuit.
Lis une de tes histoires préférées
ou demande à quelqu'un de venir
se blottir contre toi et de te la lire.

Où est l'être aimé maintenant ?

Pour beaucoup d'entre nous, la mort est comme une naissance, la naissance d'une âme nouvelle. Tout comme une chenille se transforme en un joli papillon, ton cher disparu est désormais libre, heureux et beau.

Mais où est-il ? Nous sommes nombreux à penser que lorsque quelqu'un meurt, son âme s'envole vers Dieu au paradis. Toi, est-ce que tu penses la même chose ?

Beaucoup de gens croient que nous serons tous ensemble avec nos chers disparus et avec Dieu après nos vies sur terre. Comment imagines-tu ces retrouvailles avec ceux que nous avons aimés ?

On prendra soin de toi, tu peux en être sûr

Même si l'être que tu aimais est mort,
tu n'es pas pour autant abandonné.
Il y aura toujours quelqu'un
pour prendre soin de toi.

Les gens que tu aimes peuvent mourir ;
toi aussi tu peux mourir. C'est une idée
effrayante. Mais la plupart des gens vivent
longtemps. Avec un de tes parents, ou un autre
adulte, fais la liste des moyens de rester en vie
et bien portant.

Rappelle-toi qu'en règle générale, être malade
ne veut pas dire qu'on va mourir.
Les médecins soignent la plupart
des maladies ou des blessures,
ou on guérit tout seul avec du repos
et des remèdes.

Certaines choses
ne changeront pas

Tout ne changera pas.

Même si la personne qui est partie te manque
vraiment, tu peux encore avoir du bonheur
avec les gens qui t'entourent et qui t'aiment.

Tu pourrais avoir envie de mourir pour être
au paradis avec la personne que tu aimais.
Mais ce n'est pas ce que veut cette personne ;
ce qu'elle veut, c'est que tu sois un enfant
et que tu fasses ce que font tous les enfants.
Elle sera toujours près de toi, en esprit
et en amour au fur et à mesure
que tu grandiras.

Il y aura quelques changements

Cette personne que tu aimais tant, tu ne la verras plus jamais sur terre. C'est dur à accepter et il faudra du temps pour surmonter ce manque.

Rentrer dans la chambre ou la maison de quelqu'un qui est mort et ne plus l'y voir procure une étrange impression. Trouve un chapeau, un pull, du parfum, et respire-le pour retrouver sa présence.

La première année qui suit un décès est particulièrement pénible. Tu souhaiteras que l'être aimé soit là pour les réunions de famille et les vacances. Essaie donc de partager avec tes proches ces souvenirs des temps heureux. Quant au défunt, rends-lui hommage, par exemple, en accrochant au sapin de Noël un élément décoratif qui lui est spécialement destiné.

Si tu te sens désorienté

S'il t'arrive de te sentir heureux, et d'éprouver
du plaisir à jouer, ne crois pas que c'est mal :
c'est exactement ce que veut la personne
qui est morte.

Il est possible que tu ressentes de la colère
envers Dieu, envers la personne qui est morte,
envers ton père ou ta mère ou même parfois
envers toi-même. Parle de ces sentiments avec
quelqu'un en qui tu as confiance.

Tu pourrais ne plus savoir où tu en es,
si tu entends des adultes dire que
c'est vraiment une bénédiction
que cette personne soit morte.
En fait, ils sont contents que l'être aimé
soit maintenant au ciel
où il ne souffre plus.

Ça fait du bien de demander de l'aide

Tu auras sûrement du mal à te concentrer
sur ton travail quand tu retourneras à l'école.
Fais savoir à ton maître et à tes amis
ce qui s'est passé.

Tes camarades de classe ne sauront peut-être
pas quoi dire ni comment agir envers toi.
Explique-leur que tu es toujours le même
mais qu'en ce moment, tu es triste, c'est tout.
Aide-les à t'aider.

La prière aussi peut beaucoup t'aider.
Parle à Dieu qui est toujours avec toi
et qui ne te laissera jamais seul.

Serre les gens de ta famille dans tes bras

C'est dur de voir des adultes aussi tristes, surtout ses parents. Serre-les dans tes bras et, à leur tour, ils te serreront dans leurs bras.

Il se peut que tu craignes d'aggraver leur tristesse en parlant de la personne qui est morte. Mais les adultes aussi ont besoin de parler de ce qui fait mal.

Rappelle-toi que ce n'est pas ton rôle de consoler ta famille à toi tout seul. Ta famille et toi êtes-là l'un pour l'autre, pour vous aimer, pour rire et pleurer ensemble, pour vous parler pendant ce moment de tristesse.

Si le disparu était un de tes meilleurs amis

Ce sera dur de ne plus rien partager avec celui ou celle que tu aimais. C'est vrai, il n'y a pas de ligne téléphonique directe avec le paradis, mais tu peux quand même communiquer avec ton cœur.

L'amour et l'esprit de celui qui te manque tant sont encore avec toi. Ferme les yeux et tu sentiras qu'il est là, parfois même pour te guider et t'aider dans la vie.

Demande à quelqu'un de t'emmener au cimetière pour voir la tombe. Tu peux laisser des fleurs, un message, ou un petit cadeau en signe de ton amour.

Ça fait du bien de se rappeler

Dans ta chambre, mets une photo qui te rappellera l'être aimé, ou fais-toi aider pour constituer un album photos. Demande si tu peux avoir quelque chose lui ayant appartenu, un bijou, une casquette, un bibelot. Quand tu regarderas ou que tu toucheras cet objet, tu te sentiras proche de celui à qui il a appartenu.

Essaie de dessiner l'un des moments privilégiés que vous avez partagé. Ou bien, écris une lettre pour lui dire combien tu l'aimes et combien il te manque.

Les personnes que tu aimes font à jamais partie de toi. Avec celle qui s'en est allée, qu'as-tu appris des choses de la vie et de l'amour ?

Laisse faire le temps

Après la mort d'une personne qu'on aime,
ça prend du temps pour se sentir mieux.
Laisse à ton cœur du temps pour guérir.

Un jour, peut-être bientôt, tu te sentiras mieux.
Ça ne fera plus aussi mal.
Tu n'oublieras jamais l'être aimé
qui aura toujours une place privilégiée
dans ton cœur. Mais quand tu penseras
à lui ou à elle, tu ne penseras qu'aux bonnes
choses ou aux moments heureux
que vous avez vécus ensemble.

Michaelene Mundy a un diplôme de professeur des écoles ainsi que des diplômes universitaires de conseillère dans le domaine scolaire et socio-éducatif. Elle a enseigné dans le primaire, au cours élémentaire et au cours moyen, travaillé avec des enfants en difficulté scolaire et a exercé la fonction de conseillère à l'université. Mère de trois enfants, elle travaille maintenant comme conseillère d'orientation dans un lycée. Elle est aussi l'auteur du livre pour les enfants « La Colère - Y'a pas de mal à être en colère » dans la même collection.

R.W. Alley est l'illustrateur d'une série populaire pour adultes et enfants publiée dans la collection Elf-Help (traduit et publié par les Editions du Cerf dans la collection : Un temps pour…). Il est aussi l'auteur et l'illustrateur de plusieurs autres livres pour enfants. Il vit à Barrington dans le Rhode Island, avec sa femme, sa fille et son fils.